Bibliografische Information der Deutschen Nationalbibliothek:

Die Deutsche Bibliothek verzeichnet diese Publikation in der Deutschen National-
bibliografie; detaillierte bibliografische Daten sind im Internet über http://dnb.d-
nb.de/ abrufbar.

Impressum:

Copyright © 2007 GRIN Verlag, Open Publishing GmbH
Druck und Bindung: Books on Demand GmbH, Norderstedt Germany
ISBN: 9783640617685

Dieses Buch bei GRIN:

http://www.grin.com/de/e-book/150440/konzept-und-probleme-der-sozialen-stadt

Christoph Böhm

Konzept und Probleme der 'sozialen Stadt'

GRIN Verlag

Johannes Gutenberg-Universität Mainz
Geographisches Institut
Humangeographie I (Siedlungsgeographie)

Titel: Konzept und Probleme der sozialen Stadt
Referent: Christoph Böhm

Konzept und Probleme der „sozialen Stadt"

A. Inhaltsverzeichnis

1. Was ist das Bund-Länder Programm „soziale Stadt" und in wie fern hat und hatte es Erfolg?

Ich möchte mich in dieser Arbeit mit dem Bund-Länder Programm „soziale Stadt" beschäftigen. Dieses Programm wurde erstmals auf der Bauministerkonferenz im Jahr 1996 beschlossen um dann im Jahr 1999 durch den Aspekt der „Stadtteile mit besonderem Entwicklungsbedarf" ergänzt zu werden. Diese Ergänzung hatte ihren Grund in der stetig zunehmenden Erkenntnis der fehlenden sozialen Komponente (vgl. ROGGENTHIN 1999: 82) im bisher beschlossenen Programm. Durch dieses Programm reagieren Bund und Länder auf die sich stark geänderten Rahmenbedingungen in den Städten. Die Gesellschaft hat sich in den letzten Jahrzehnten stark gewandelt und mit ihr haben sich auch die Städte gewandelt. Das Programm umfasst über 360 Pragrammgebiete und rund 252 einzelne Städte und Gemeinden (vgl. Abbildung 1). Das Fördervolumen beläuft sich pro Gebiet (von 1999 bis 2003) auf ca. 1 Mio. € (vgl. AEHNELT 2005: 64). Es ist sowohl in den alten wie auch in den neuen Bundesländern angelegt und versucht gerade auch die immer noch vorhandene Kluft zwischen Ost und West, im Bereich der Stadtentwicklung, zu kitten.

Ich möchte versuchen in dieser Arbeit das Programm „soziale Stadt" näher zu betrachten um anschließend der Frage nachzugehen ob das Programm erfolgreich war und es immer noch ist.

2.1. Zur Notwendigkeit des Programms

Zu den Hintergründen der sozialen Probleme und damit der Notwendigkeit eines solchen Programms ist grundlegend zu sagen dass hier der Strukturwandel der Gesellschaft eine wichtige Rolle spielt. Der stetige und beschleunigte Wandel, beginnend in den letzten zwei Jahrzehnten des letzten Jahrhunderts, hat sich drastisch auf die Stadtentwicklung ausgewirkt. Zu aller erst sind hier die Phänomene der Globalisierung zu nennen. Diese haben eine gravierende Auswirkung auf die Arbeitsmarktsituation und führten zuletzt zu einer steigenden Arbeitslosigkeit. Damit eng verbunden ist die Regionalisierung und die ansteigende Entsolidarisierung der Gesellschaft. Dies alles und die „soziale Abwärtsspirale" (ROGGENTHIN 1999: 80) führten zur Entstehung von Stadtteilen mit besonderem Entwicklungsbedarf. Diese Stadtteile sind geprägt durch eine hohe Einwohnerzahl und einer Diskrepanz zwischen den Faktoren Arbeitsplatzangebot, Ausbildungsniveau und Qualität der Wohnungen des Stadtteils und den gleichen Faktoren der benachbarten Stadtteile.

Die angesprochene soziale Abwärtsspirale in diesen Stadtteilen wird noch durch die zunehmende und sich selbst verstärkende soziale Sekregation verstärkt. Das heißt hier dass sich Einkommensreiche und Einkommensschwache zusehends entmischen (vgl. FRIEDRICHS 1983: 217) und dieser Prozess noch durch die Aufwertung anderer Gebiete beschleunigt wird. In den neuen Bundesländern haben wir zudem noch weitere, historisch bedingte, Hintergründe dieser Entwicklung. Hier ist zuerst die Transformation zu nennen. Mit ihr ist die Änderung des komplette Wirtschafts- und Planungssystems im Rahmen der Wiedervereinigung gemeint. Zudem kommt in diesen Ländern eine plötzliche und verstärkte Suburbanisierung dazu welche zu einem „Ausbluten der Innenstädte" führt. Durch die meist ungeklärten Eigentumsverhältnisse gerade in den innerstädtischen Altbaugebieten wurden Investoren abgeschreckt und die Abwärtsspirale für diese Quartiere verstärkt. In den neuen Bundesländern kamen zudem noch in hoher Zahl vorhandene Plattenbauten und die von den abgerückten Besatzungsmächten zurückgelassenen Kasernenanlagen hinzu. Diese meist schlecht angebundenen, im peripheren Raum liegenden, Quartiere konnten sich bestens zu Stadtteilen mit besonderem Entwicklungsbedarf entwickeln. (HEINEBERG 2006: 245).

2.2. Ziele und Aufgaben

„Ziel war und ist es, mit einer aktiven und integrativ wirkenden Stadtentwicklungspolitik der sozialräumlichen Spaltung innerhalb von Städten und der Abwärtsentwicklung benachteiligter Stadtquartiere umfassend zu begegnen." (HAACK 2005: 55). Diese Formulierung fast die offiziellen Zielsetzungen, wie die Verbesserung der Wohn- und Lebensbedingungen, die Stabilisierung der wirtschaftlichen Basis der Stadtteile und die Stärkung des Gebietsimage, der Identifikation mit den Quartieren, recht gut zusammen. Denn nur durch eine ganzheitliche (integrative) und eine aktive, hier auch eine sozialpolitische, Stadtentwicklungspolitik kann den Problemen der Quartiere entgegengewirkt werden.

Ganz konkret wird dies in den Aufgaben des Programms. Zum einen will man hier das Wohnumfeld durch die Erhaltung und Umgestaltung von Straßen und Plätzen erreichen. Der Ausbau von sozialer Infrastruktur wirkt hier besonders auf die schon beschriebenen Probleme der oft peripher liegenden Quartiere in den neuen Bundesländern. Als wichtigste Ausgabe wird die neu gestaltete soziale Stadtentwicklungspolitik gesehen. Hier sollen neue Impulse für Steuerungsformen in der Stadtpolitik gesetzt werden. Konkret heißt das, dass auch externe Akteure zur Planung herangezogen werden. Hier hat sich der Begriff des Quartiersmanagment entwickelt. Dies stellt eine Form da in der ressortübergreifend Akteure der unterschiedlichsten Bereiche der Stadtpolitik zusammengeführt werden und dadurch die sich überlagernden Probleme einzelner Bezirke bewältigt werden können (vgl. KRUMM 2005:123). Auch Aehnelt formuliert diese Funktionen: „Ihm [dem Quartiersmanagement] kommt neben den operativen Aufgaben der Akteursvernetzung und Mittelbündelung die Funktion des „Scharniers" zwischen der Verwaltung und den Quartiersbewohnern zu." (AEHNELT 2005: 71).

2.3. Das Beispiel des Quartiersmanagement in Berlin

Nach der Konzeption des Programms im Jahr 1999 wurde in einigen deutschen Ländern wie Bremen, Hamburg und Berlin das Instrument des Quartiersmanagements eingesetzt. Hier werden einzelne Quartiere, meist Stadtteile wie Neuköln, von der alleinigen Gesamtverwaltung des Senats befreit und durch eine Kombination aus Selbstverwaltung durch Anwohner und externe Akteure in Verbindung mit der Senatsverwaltung ersetzt. Dabei stehen die folgenden Strukturmerkmale im Vordergrund:

• Ein neu geschaffenes Team im jeweiligen Stadtteil, das direkt mit den Menschen in der Nachbarschaft zusammenarbeitet und dem Konzept vor Ort ein Gesicht verleit
  → Vor-Ort- Büros
• Die Verbesserung der Zusammenarbeit der einzelnen Verwaltungsebenen
• Ein individuelles Handlungskonzept, welches die Stärken und Schwächen des Quartiers beschreibt
• Ein stärkere Einbindung der Menschen in die Entscheidungsprozesse im Stadtteil
• Einen Fonds um eine Finanzgewalt unmittelbar beim Quartiersmanagement zu schaffen
(vgl. MÜHLBERG 2006).

In der Praxis sieht das ganze dann so aus, das durch die Einbindung von Bildungseinrichtungen in den Stadtteilen neue Lernmodelle in Kindertagesstätten eingeführt werden oder dass Ausbildungscafes in der Nachbarschaft sehr gut von den Einwohnern angenommen werden. Zudem werden Projekte wie zum Beispiel der Bau von Jugendtreffs realisiert. Des Weiteren werden Strukturen ins Leben gerufen die bei der Job- oder Ausbildungsplatzsuche helfen. Hierbei wird besonders auf die Einwohner mit Migrationshintergrund eingegangen um ihnen bei den oft großen Sprachprobleme zu helfen. Auch bei den Gestaltungsmöglichkeiten der Straßen und Plätze werden die Einwohner mit einbezogen. So wurden zum Beispiel innerhalb von großen und kleinen Aktionen im Quartier Zentrum Kreuzberg / Oranienstraße Straßenpflasterungen erneuert und Hauseingänge verschönert und in Abstimmungen unter den Schülern wurde über die neue Schulhofgestaltung abgestimmt.

3. Erfolge und Aussichten

Als grundlegenden Erfolg kann zu aller erst das wachsende Bewusstsein in den Köpf der Menschen gesehen werden. Es wird heute zunehmend als ernstzunehmendes Problem in den Städten gesehen. Auch von Seiten der Politik hat sich der Blick mehr den sozialen Brennpunkten der Städte zugewandt.

Ein Hauptanliegen des Programms war die Verbesserung des Wohnumfelds und der Erweiterung der sozialen Infrastruktur. Hier sollte Hilfe zur Selbsthilfe erbracht werden und daher sind die zählbaren Ergebnisse nicht allzu hoch, da sich der Erfolg hier in den Köpfe und den Beziehungen zwischen den Menschen befindet. Nichts desto trotz haben sich auch hier Aussichten auf Besserung eingestellt. Wir oben beschrieben sehen wir die Erfolge auf den Straßen. Die Verbesserungen im Wohnumfeld haben ihren Ursprung in der Initiative der Anwohner und das schafft eine täglich sichtbare Erhöhung der Lebensqualität. Wir in Abbildung 2 zu sehen ist kann mit diesem Programm der Situation auf dem Arbeitsmarkt und die wachsende Armut in den Quartieren nicht direkt entgegengewirkt werden. Dafür müssen die Rahmenbedingungen geändert werden und da kann ein Programm das in erster Linie direkt in den Gebieten mit besonderem Entwicklungsbedarf ansetzt nichts dran ändern. Jedoch kann und das hat es, nach Einschätzung der beteiligten Quartiersmanager, die Einstellung der Menschen zu ihrer Situation geändert.

So kann mit diesem Programm ein Anstoß gegeben werden um die Grundlage zu schaffen diese „Problembezirke" in Zukunft langfristig zu verbessern. (vgl. AEHNELT 2005: 72-73).

Bislang nur schlecht läuft die Situation in den Schulen. Die bessere Zusammenarbeit mit ihnen ist Voraussetzung für die eben schon angesprochene nachhaltige Verbesserung in den Quartieren. In den Schulen treffen die verschiedenen kulturellen Gruppen aufeinander und es wird der Grundstein für die späteren Probleme in den Stadtteilen gelegt. (vgl. HÄUßERMANN 2005: 82-83).

Abbildung 1: Gemeinden im Programm „soziale Stadt" (Programmjahr 2005)

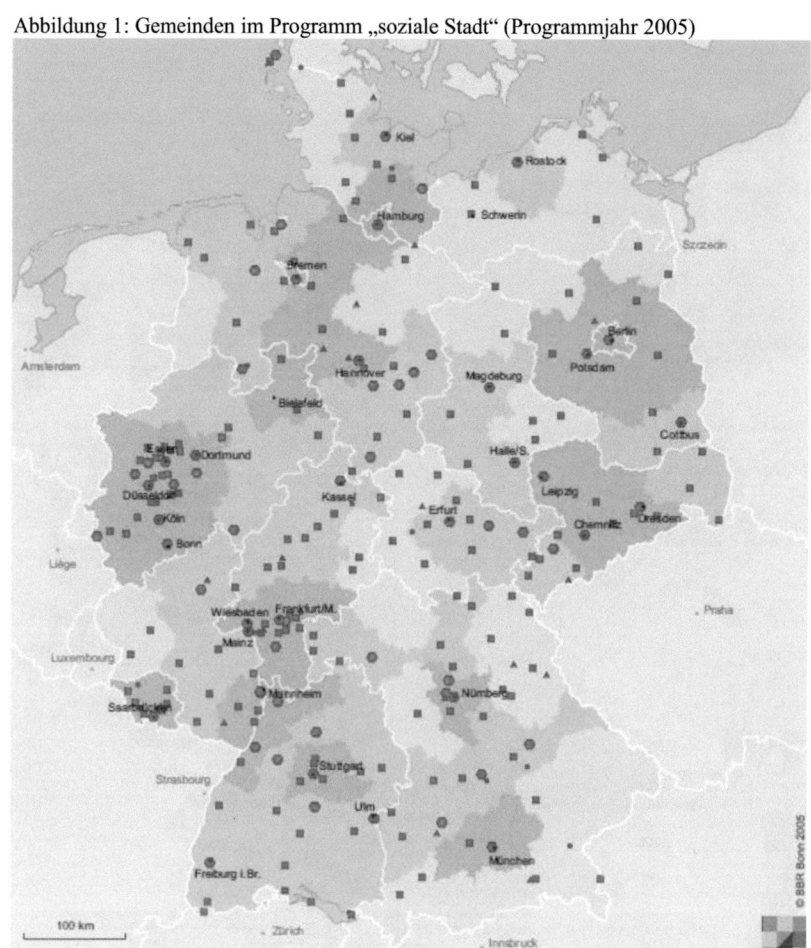

Stadt- / Gemeindetyp   Siedlungsstruktureller Regionstyp

- Großstadt   ☐ Ländlicher Raum
- Mittelstadt   ☐ Verstädterter Raum
- Kleinstadt   ☐ Agglomerationsraum
- Landgemeinde

Quelle: http://www.sozialestadt.de/gebiete/karten/2005-karte.pdf (BBR Bonn 2005)

6

Abbildung 2: Entwicklung der Situation im Gebiet seit 1999 (Einschätzung der externen Akteure)

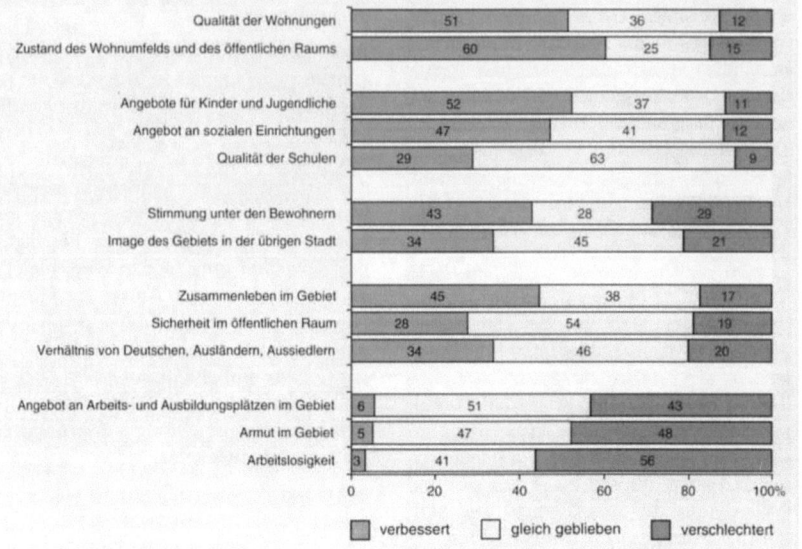

Quelle: STRUBELT 2005: 72

B. Literaturverzeichnis

AEHNELT, R. (2005): Zwischenevaluierung des Bund-Länder-Programms „Soziale Stadt" –
zentrale Ergebnisse. In: STRUBELT, W. (Hrsg.) (2005): Die soziale Stadt. Ein Programm
wird evaluiert. Bonn. 63-73.

BECKER, H., T. FRANKE, R.-P. LÖHR und V. RÖSNER (2002): Drei Jahre Programm
Soziale Stadt – eine ermutigende Zwischenbilanz. In: Deutsches Institut für Urbanistik
(2002): Die soziale Stadt, eine erste Bilanz des Bund-Länder Programms „Stadtteile mit
besonderem Entwicklungsbedarf – die soziale Stadt". Berlin.12-51.

Deutsches Institut für Urbanistik (2006): Bund – Länder – Programm „Soziale Stadt".
Internet: http://www.sozialestadt.de/programm (15.11.2006).

FRIEDRICHS, J. (1983): Einführung in die Stadtsoziologie. Opladen.

HAACK, S. (2005): Evaluierung des Programms „soziale Stadt" – Hintergründe,
Vorgehensweise, Bausteine. In: STRUBELT, W. (Hrsg.) (2005): Die soziale Stadt. Ein
Programm wird evaluiert. Bonn. 55-61.

HÄUßERMANN, H. (2005): Das Programm „Stadtteile mit besonderem Entwicklungsbedarf
die soziale Stadt". In: STRUBELT, W. (Hrsg.) (2005): Die soziale Stadt. Ein Programm
wird evaluiert. Bonn. 75-85.

HEINEBERG, H. (^{3}2006): Stadtgeographie. Paderborn.

KRUMM, W. (2005): Evaluierung des Berliner Quartiersmanagementprogramms. In:
STRUBELT, W. (Hrsg.) (2005): Die soziale Stadt. Ein Programm wird evaluiert. Bonn.
55-61.

MÜHLBERG, P. (2006): Das Programm soziale Stadt. Internet:
http://www.quartiersmanagement-berlin.de/programm-soziale-stadt (23.11.2006).

ROGGENTHIN, H. (2001): „Stadtteile mit besonderem Entwicklungsbedarf – die soziale
Stadt". In: ROGGENTHIN, H. (Hrsg.) (2001): Stadt – der Lebensraum der Zukunft?
Gegenwärtige raumbezogene Prozesse in Verdichtungsräumen der Erde. Mainz: 79-87.

C. Bibliographie

AEHNELT, R. (2005): Zwischenevaluierung des Bund-Länder-Programms „Soziale Stadt" – zentrale Ergebnisse. In: STRUBELT, W. (Hrsg.) (2005): Die soziale Stadt. Ein Programm wird evaluiert. Bonn. 63-73.

ALISCH, M. (1998): Stadtteilmanagment. Voraussetzungen und Chancen für die soziale Stadt. Opladen.

BECKER, H., T. FRANKE, R.-P. LÖHR und V. RÖSNER (2002): Drei Jahre Programm Soziale Stadt – eine ermutigende Zwischenbilanz. In: Deutsches Institut für Urbanistik (2002): Die soziale Stadt, eine erste Bilanz des Bund-Länder Programms „Stadtteile mit besonderem Entwicklungsbedarf – die soziale Stadt". Berlin.12-51.

CARTER, H. (^{2}1975): The study of urban Geography. London.

Deutsches Institut für Urbanistik (2003): Strategien für die soziale Stadt. Berlin.

Deutsches Institut für Urbanistik (2006): Bund – Länder – Programm „Soziale Stadt". Internet: http://www.sozialestadt.de/programm (15.11.2006).

FRIEDRICHS, J. (1983): Einführung in die Stadtsoziologie. Opladen.

HAACK, S. (2005): Evaluierung des Programms „soziale Stadt" – Hintergründe, Vorgehensweise, Bausteine. In: STRUBELT, W. (Hrsg.) (2005): Die soziale Stadt. Ein Programm wird evaluiert. Bonn. 55-61.

HANESCH, W. (1997): Überlebt die soziale Stadt? Konzepte, Krisen und Perspektiven kommunaler Sozialstaatlichkeit. Opladen.

HARTH, A. (2000): Stadt und soziale Ungleichheit. Opladen.

HÄUßERMANN, H. (2005): Das Programm „Stadtteile mit besonderem Entwicklungsbedarf die soziale Stadt". In: STRUBELT, W. (Hrsg.) (2005): Die soziale Stadt. Ein Programm wird evaluiert. Bonn. 75-85.

HEINEBERG, H. (^{3}2006): Stadtgeographie. Paderborn.

HOFMEISTER, B. (^{7}1999): Stadtgeographie. Braunschweig.

KAPPENSTEIN, P. (2001): Die Gemeinschaftsinitiative "Soziale Stadt" in Rheinland Pfalz. Mainz.

KELLER, C. (2005): Leben im Plattenbau. Zur Dynamik sozialer Abgrenzung. Frankfurt und New York.

KRUMM, W. (2005): Evaluierung des Berliner Quartiersmanagementprogramms. In: STRUBELT, W. (Hrsg.) (2005): Die soziale Stadt. Ein Programm wird evaluiert. Bonn. 55-61.

KRUMMACHER, M. (2003): Soziale Stadt, Sozialraumentwicklung, Quartiersmanagment. Herausforderungen, Raumplanung und soziale Arbeit. Opladen.

KÖBBERICH, M. (2001): Frauen in der „sozialen Stadt". Praxisansätze zur Unterstützung von Teilhabechancen. In: ROGGENTHIN, H. (Hrsg.) (2001): Stadt – der Lebensraum der Zukunft? Gegenwärtige raumbezogene Prozesse in Verdichtungsräumen der Erde. Mainz. 95-99.

LEES, A. (2002): Cities, sin and social reform in imperial Germany. Ann Arbor.

LICHTENBERGER, E. (2002): Die Stadt: Von der Polis zur Metropolis. Darmstadt.

MÜHLBERG, P. (2006): Das Programm soziale Stadt. Internet: http://www.quartiersmanagement-berlin.de/programm-soziale-stadt (23.11.2006).

ROGGENTHIN, H. (2001): „Stadtteile mit besonderem Entwicklungsbedarf – die soziale Stadt". In: ROGGENTHIN, H. (Hrsg.) (2001): Stadt – der Lebensraum der Zukunft? Gegenwärtige raumbezogene Prozesse in Verdichtungsräumen der Erde. Mainz: 79-87.